काव्य कल्पद्रुम

पुणे विद्यापीठ
हिंदी अध्ययन मंडल

काव्य कल्पद्रुम

अध्यक्ष

सुरेश बाबर

हिंदी अध्ययन मंडल, पुणे विश्वविद्यालय, पुणे

(न्यू आर्टस, कॉमर्स, सायन्स महाविद्यालय, अहमदनगर)

कार्यकारी सम्पादक

सुरेश कुमार जैन

सदस्य हिन्दी अध्ययन मंडल, पुणे विश्वविद्यालय, पुणे

(चां.ता. बोरा महाविद्यालय, शिरूर, जि. पुणे)

सहयोगी सम्पादक

प्रा. साहेबराव गाडे

सदस्य, हिंदी अध्ययन मंडल, पुणे विश्वविद्यालय, पुणे

डॉ. राजेन्द्र खैरनार

विद्या प्रतिष्ठान का कला, विज्ञान एवं वाणिज्य महाविद्यालय

बारामती, जि. पुणे

वाणी प्रकाशन

वाणी प्रकाशन
4695, 21-ए, दरियागंज, नयी दिल्ली 110 002
शाखा
अशोक राजपथ, पटना 800 004
फ़ोन : +91 11 23273167 फ़ैक्स : +91 11 23275710
www.vaniprakashan.in
vaniprakashan@gmail.com
sales@vaniprakashan.in

KAVYA KALPDRUM
Chief Editor Dr. Suresh Kumar Jain
ISBN : 978-81-8143-852-2
Collection of Poems

संस्करण : 2008, 2009, 2011
आवृत्ति 2017

मूल्य : ₹ 45

एशियन प्रिंटर्स, दिल्ली-110 093 में मुद्रित

प्राक्कथन

वर्तमान समाज की अत्यावश्यक जरूरतों और अपेक्षाओं की पूर्ति एवं शिक्षा के गुणात्मक एवं शैक्षिक स्तर को समुन्नत बनाने के लिए पाठ्यक्रम को निरंतर अद्यतन बनाए रखना प्रत्येक विश्वविद्यालय का प्रथम कर्त्तव्य होता है। पुणे विश्वविद्यालय के महामहिम कुलगुरु डॉ. नरेन्द्र जी जाधव सामाजिक एवं शैक्षिक परिवर्तनों के सबल पक्षधर हैं। पुणे विश्वविद्यालय के सभी संकायों के पाठ्यक्रमों के पुनर्निमाण की संकल्पना इसी भूमिका की एक सशक्त कड़ी है। समाज के स्वस्थ विकास एवं व्यक्ति के सुसंस्कार के लिए शिक्षा आवश्यक ही नहीं अनिवार्य भी है। इस शिक्षा की प्राप्ति का समुचित तथा समीचीन माध्यम वैज्ञानिक एवं विकासात्मक पाठ्यक्रम ही है।

साहित्य मनुष्यता और उसके जीवन संघर्ष की अभिव्यक्ति है। बाह्य दुनिया के साथ मनुष्य की अन्तर्दुनिया को जानने के लिए साहित्य से बेहतर माध्यम कोई नहीं हो सकता। साहित्य में सत्य का शोधन, शिवम् की उपासना तथा सौन्दर्य की साधना का दिव्य घोष रहता है। मनुष्य से बड़ा और शक्तिशाली इस दुनिया में कोई नहीं है। साहित्याध्ययन के अभाव में मनुष्य अस्तित्व प्रश्नांकित तथा मानवीय मूल्यों का भविष्य अंधकारमय होगा। इसीलिए भूमंडलीकरण एवं जनसंचार माध्यमों के बढ़ते प्रभाव में भी साहित्य का अध्ययन-अध्यापन कदापि अप्रासंगिक नहीं हो सकता। भूमंडलीकरण के परिप्रेक्ष्य में तथा विश्वविद्यालय अनुदान आयोग की अपेक्षानुकूल प्रस्तुत संग्रह की रचना की गई है।

कविता मनुष्य की आंतरिक अनुभूतियों की अभिव्यक्ति होती है, इसीलिए उसे आत्माभिव्यक्ति कहा जाता है। प्रस्तुत संकलन में उन्हीं कवियों की कविताएँ संकलित की गयी हैं जो आधुनिक हिंदी कविता की किसी प्रवृत्ति विशेष से जुड़े हुए हैं। हमें विश्वास है कि स्वच्छंदतावाद, छायावाद, प्रगतिवाद, प्रयोगवाद आदि प्रमुख काव्य प्रवृत्तियों के शीर्षस्थ कवियों की चुनी हुई कविताओं का गुलदस्ता आपके सौंदर्य बोध को विकसित करने में सफल होगा। प्रमुख काव्य प्रवृत्तियों के शीर्षस्थ कवियों की प्रतिनिधि रचनाओं के द्वारा छात्र कविता की अवधारणा तथा आधुनिक हिंदी काव्य से परिचित हो सकें यही प्रस्तुत संकलन का ध्येय है।

संकलन को सरल, सुरुचिकर एवं प्रातिनिधिक बनाने का उत्तरदायित्व संकलन के कार्यकारी संपादक डॉ. सुरेश कुमार जैन (अध्यक्ष, हिंदी विभाग, चांदमल ताराचंद बोरा महाविद्यालय, शिरूर, जि. पुणे) तथा सहयोगी संपादक प्रा. साहेबराव गाडे (पुणे) जी ने सफलतापूर्वक निभाया है।

हम उन सभी कवियों के प्रति अपना आभार व्यक्त करते हैं जिन्होंने अपनी अमूल्य रचनाएँ प्रस्तुत संकलन में समाविष्ट करने की स्वीकृति प्रदान कर हमें कृतार्थ किया है। अन्त में विख्यात 'वाणी प्रकाशन' ने इसे अत्यंत अल्पावधि में सुंदर रूपाकार प्रदान किया तदर्थ वे भी धन्यवाद के पात्र हैं।

डॉ. सुरेश बाबर
अध्यक्ष, हिंदी अध्ययन मंडल,
पुणे विश्वविद्यालय, पुणे-7

अनुक्रम

1. पवन-दूतिका — **अयोध्या सिंह उपाध्याय 'हरिऔध'** 11
2. सखि, वे मुझसे कहकर जाते! — **मैथिलीशरण गुप्त** 14
3. बीती विभावरी — **जयशंकर प्रसाद** 17
4. मोह — **सुमित्रानंदन पंत** 19
5. मौन करुणा — **रामकुमार वर्मा** 21
6. मैं नीर-भरी दुख की बदली — **महादेवी वर्मा** 24
7. बीते दिन कब आनेवाले — **हरिवंशराय 'बच्चन'** 26
8. तोड़ती पत्थर — **सूर्यकांत त्रिपाठी 'निराला'** 28
9. जनतंत्र का जन्म — **रामधारी सिंह 'दिनकर'** 31
10. कालिदास से — **नागार्जुन** 34
11. कलगी बाजरे की — **अज्ञेय** 37
12. वरदान माँगूँगा नहीं — **शिवमंगल सिंह 'सुमन'** 40
13. जन-जन का चेहरा एक — **गजानन माधव 'मुक्तिबोध'** 42

14. प्रतिभा का मूल बिंदु 45
— प्रभाकर माचवे
15. माटी और मेघ 47
— गिरिजाकुमार माथुर
16. सुहागिन का गीत 50
— सर्वेश्वरदयाल सक्सेना
17. एक प्रश्न 53
— धर्मवीर भारती
18. धानों का गीत 56
— केदारनाथ सिंह
19. मैं हूँ 59
— धूमिल
20. दुख नहीं कोई 62
— दुष्यंत कुमार
21. ग़ज़ल 64
— रामदरश मिश्र
22. श्रद्धांजलि 66
— यशोदा राजा
23. दिनकर के आगम पर 69
— दयानंद शर्मा 'मधुर'

काव्य कल्पद्रुम

अयोध्यासिंह उपाध्याय 'हरिऔध'
(1865 ई॰ से 1945 ई॰)

अयोध्यासिंह उपाध्याय द्विवेदी युग के प्रमुख कवि रहे हैं। खड़ीबोली हिंदी में पहला महाकाव्य 'प्रिय प्रवास' लिखने का श्रेय आप ही को है जिस पर आपको 'मंगलाप्रसाद पारितोषिक' प्राप्त हो चुका है। आरंभ में आप ब्रजभाषा में भी काव्य लिखते थे जिसका प्रमाण है 'रसकलश', आपने अपना उपनाम 'हरिऔध' अपने नाम के आधार पर ही अपनाया है। अयोध्या को 'औध' कहते हैं और 'सिंह' के लिए संस्कृत में 'हरि' शब्द मिलता है। अतः आपने 'हरिऔध' उपनाम अपनाया।

आपकी 'चोखेचौपदे', 'रसकलश,' 'पद्य-प्रसून' तथा 'वैदेही वनवास' आदि कृतियाँ विख्यात हैं। आपने गद्य में भी कलम चलाई है।

पवन-दूतिका

'प्रियप्रवास' में कवि ने कृष्ण जीवन के विविध प्रसंगों को नई दृष्टि के साथ प्रस्तुत किया है। प्रस्तुत कविता 'प्रियप्रवास' का ही एक अंश है जिसमें विरहिणी राधा पवन को दूत बनाकर कृष्ण के पास संदेश भेजती है। इस संदेश में राधा की सूझ-बूझ एवं संवेदनशीलता चित्रित हुई है।

अयोध्यासिंह उपाध्याय 'हरिऔध'

पवन-दूतिका

बैठी खिन्ना इक दिवस वे गेह में थीं अकेली।
आके आँसू दृग-युगल में थे धरा को भिगोते।
आयी धीरे इस सदन में पुष्प-सद्गन्ध को ले,
प्रातः वाली सुपवन इसी काल वातायनों से ॥1॥

संतापों को विपुल बढ़ता देखके दुःखिता हो,
धीरे बोली सदुख उससे श्रीमती राधिका यों;
"प्यारी प्रातः पवन, इतना क्यों मुझे है सताती;
क्या तू भी है कलुषित हुई काल की क्रूरता से? ॥2॥

क्यों होती है निठुर इतना, क्यों बढ़ाती व्यथा है?
तू है मेरी चिर-परिचिता, तू हमारी प्रिया है।
मेरी बातें सुन, मत सता; छोड़ दे वामता को।
पीड़ा खोके प्रणत जन की है बड़ा पुण्य होता ॥3॥

कालिंदी के तट पर घने रम्य उद्यानवाला,
ऊँचे-ऊँचे धवल गृह की पंक्तियों से प्रशोभी,
जो है न्यारा नगर मथुरा; प्राण प्यारा वहीं है।
मेरा सूना सदन तजके तू वहाँ शीघ्र ही जा ॥4॥

सीधे जाके प्रथम गृह के मंजु उद्यान में ही;
जो थोड़ी भी तन-तपन हो सिक्त होके मिटाना;
निर्धूली हो सरस रज से पुष्प के लिप्त होना;
पीछे जाना प्रिय-सदन में स्निग्धता से बड़ी ही ॥5॥

कोई प्यारा कुसुम कुम्हला गेह में जो पड़ा हो,
तो प्यारे के चरण पर ला डाल देना उसी को।
यों देना ऐ पवन बतला, फूल-सी एक बाला
म्लाना हो कमल पग को चूमना चाहती है ॥6॥

लाके फूले कमल-दल को श्याम के सामने ही,
थोड़ा-थोड़ा विपुल जल में व्यग्र हो-हो डुबाना।
यों देना ऐ भगिनि जतला, एक अम्भोजनेत्रा,
आँखों को हो विरह-विधुरा वारि में बोरती है ॥7॥

बैठे नीचे जिस विटप के श्याम होवें, उसी का
कोई पत्ता निकट उनके नेत्र के ले हिलाना।
यों प्यारे को विदित करना, चातुरी से दिखाना-
मेरे चिंता-विजित चित्त का क्लांत हो काँप जाना ॥8॥

यों प्यारे को विदित करके सर्व मेरी व्यथाएँ,
धीरे-धीरे वहन करके पाँव की धूलि लाना।
थोड़ी-सी भी चरण-रज जो ला न देगी हमें तू
हा! कैसे व्यथित चित्त को बोध मैं दे सकूँगी? ॥9॥

जो ला देगी चरण-रज तो तू बड़ा पुण्य लेगी,
पूता हूँगी भगिनि उसको अंग में मैं लगा के।
पोतूँगी जो हृदय-तल में वेदना दूर होगी,
डालूँगी मैं सिर पर उसे आँख में ले मलूँगी ॥10॥

पूरी होवें न यदि तुझसे अन्य बातें हमारी,
तो तू मेरी विनय इतनीं मान ले औ' चली जा।
छूके प्यारे कमल-पग को प्यार के साथ आ जा,
जी जाऊँगी हृदय-तल में मैं तुझी को लगाके!" ॥11॥

भ्रांता होके परम दुख औ' भूरि उद्विग्नता से,
लेके प्रातः मृदु पवन को या सखी आदिकों को;
यों ही राधा प्रकट करती नित्य ही वेदनाएँ,
चिंताएँ थीं चलित करतीं, वर्धिता थीं व्यथाएँ ॥12॥

मैथिलीशरण गुप्त

(1886 ई० से 1964 ई०)

राष्ट्रकवि मैथिलीशरण गुप्त जी का जन्म चिरगाँव (झाँसी) में एक सम्पन्न परिवार में हुआ था। आपके पिताजी भी काव्य-सृजन में रुचि रखते थे। उन्हीं की प्रेरणा से आप काव्य लेखन की ओर मुड़े। 'साकेत' आपका प्रसिद्ध महाकाव्य है जिसपर आपको मंगलाप्रसाद पारितोषिक प्राप्त हुआ है। आगरा विश्वविद्यालय से आपको डी.लिट्. की उपाधि से सम्मानित किया गया है। आपकी रचनाओं में भारतीय संस्कृति के प्रति गहरा प्रेम व्यक्त हुआ है।

आपकी प्रसिद्ध कृतियाँ हैं—'साकेत', 'भारत-भारती', 'जयद्रथ वध', 'पंचवटी', 'यशोधरा', 'द्वापर', 'किसान', 'नहुष' आदि।

सखि, वे मुझसे कहकर जाते!

प्रस्तुत कविता 'यशोधरा' खंडकाव्य से ली गई है जिसमें यशोधरा का स्वाभिमान, समर्पण भावना, विरह वेदना एवं पति के प्रति उदात्त प्रेम व्यक्त हुआ है।

मैथिलीशरण गुप्त

सखि, वे मुझसे कहकर जाते

सिद्धि-हेतु स्वामी गए, यह गौरव की बात,
पर चोरी-चोरी गए, यही बड़ा व्याघात!
सखि, वे मुझसे कह कर जाते!
कह, तो क्या मुझको वे अपनी पथ-बाधा ही पाते?
मुझको बहुत उन्होंने माना,
फिर भी क्या पूरा पहचाना!
मैंने मुख्य उसी को जाना,
जो वे मन में लाते। सखि, वे मुझसे कहकर जाते!
स्वयं सुसज्जित करके क्षण में,
प्रियतम को, प्राणों के प्रण में,
हमीं भेज देती हैं रण में,—
क्षात्र-धर्म के नाते। सखि, वे मुझसे कहकर जाते!
हुआ न यह भी भाग्य अभागा,
किस पर विफल गर्व अब जागा?
जिसने अपनाया था, त्यागा;
रहें स्मरण ही आते! सखि, वे मुझसे कहकर जाते!
नयन उन्हें हैं निष्ठुर कहते,
पर इनसे जो आँसू बहते,
सदय हृदय वे कैसे सहते?
गए तरस ही खाते! सखि, वे मुझसे कहकर जाते!
जाएँ, सिद्धि पावें वे सुख से,
दुखी न हों इस जन के दुख से,

उपालंभ दूँ मैं किस मुख से?
आज अधिक वे भाते। सखि, वे मुझसे कहकर जाते!
गए, लौट भी वे आवेंगे,
कुछ अपूर्व-अनुपम लावेंगे,
रोते प्राण उन्हें पावेंगे,
पर क्या गाते गाते? सखि, वे मुझसे कहकर जाते!

('यशोधरा' से)

जयशंकर प्रसाद

(1889 ई॰ से 1937 ई॰)

छायावाद के प्रमुख कवि रहे जयशंकर प्रसाद जी का जन्म वाराणसी में हुआ था। आप बहुमुखी प्रतिभा के धनी थे। कविता के साथ-साथ कहानी, उपन्यास एवं नाटक विधा में भी आपका विशेष योगदान रहा है। 'कामायनी' आपका प्रसिद्ध महाकाव्य है। जो छायावाद और आधुनिक हिंदी साहित्य का सर्वश्रेष्ठ सर्जन है। भारतीय संस्कृति और प्राचीन इतिहास में आपका गहरा लगाव था। बौद्ध धर्म और शैव दर्शन का आप पर व्यापक प्रभाव रहा है।

आपकी साहित्य यात्रा में 'प्रेमपथिक', 'झरना', 'आँसू', 'लहर', 'कामायनी' आदि काव्य-संग्रह; 'सज्जन', 'प्रायश्चित्त', 'ध्रुवस्वामिनी' आदि नाटक; 'कंकाल', 'तितली', 'इरावती' आदि उपन्यास; 'छाया', 'प्रतिध्वनि', 'आकाशदीप', 'आँधी', 'इंद्रजाल' आदि कहानी-संग्रह प्रमुख हैं।

बीती विभावरी

'बीती विभावरी' प्रभाती गीत है। इसमें प्रसाद जी ने प्रकृति के मानवीकरण के माध्यम से नारी सौंदर्य का आकर्षक चित्रण प्रस्तुत किया है।

जयशंकर प्रसाद

बीती विभावरी

बीती विभावरी जाग री!
अंबर पनघट में डुबो रही—
तारा-घट ऊषा नागरी।
खग-कुल कुल-कुल-सा बोल रहा,
किसलय का अंचल डोल रहा,
लो यह लतिका भी भर लाई—
मधु मुकुल नवल रस गागरी।
अधरों में राग अमंद पिए,
अलकों में मलयज बंद किए—
तू अब तक सोई है आली।
आँखों में भरे बिहाग री!

सुमित्रानंदन पंत

(1901 ई॰ से 1977 ई॰)

सुमित्रानंदन पंत प्राकृतिक सौंदर्य के अनुपम चित्रकार, नई काव्यभाषा के समर्थ शिल्पकार, प्रौढ़ विचारक तथा लोकप्रिय कवि रहे हैं। आपका जन्म अल्मोड़ा जिले के कौसानी नामक प्राकृतिक सुषमा से घिरे गाँव में हुआ। अतः बचपन से प्रकृति के प्रति आपकी गहरी रुचि थी। प्रकृति इनको प्रिया, माँ, सहचरी तथा सखी, सभी रूपों में आकर्षित करती रही। प्रारंभ में आप छायावाद से जुड़े, तदनंतर मार्क्सवाद एवं गांधीवाद में आप अपनी वैचारिक भूमि तलाशते रहे। 'लोकायतन' नामक महाकाव्य पर आपको साहित्य अकादमी तथा 'चिदंबरा' पर भारतीय ज्ञानपीठ पुरस्कार मिला है। भारत सरकार ने आपको 'पद्मभूषण' की उपाधि से सम्मानित किया है।

पंत जी का 'पल्लव' काव्य संग्रह छायावादी काव्यधारा का आरंभिक काव्य संग्रह माना जाता है। 'पल्लव' के अतिरिक्त 'वीणा', 'गुंजन', 'ग्रंथि', 'उच्छ्वास', 'युगांत', 'ग्राम्या', 'युगवाणी', 'स्वर्णकिरण', 'युगपथ', 'शिल्पी', 'कला और बूढ़ा चाँद' आदि आपकी प्रसिद्ध काव्यकृतियाँ हैं।

मोह

प्रस्तुत कविता में कवि का प्रकृति के प्रति मोह स्पष्ट होता है। कवि को नारी सौंदर्य आकर्षित करता है, पर उससे भी अधिक प्रकृति की सुषमा आकर्षित करती है। प्रकृति प्रेमी कवि का प्रकृति से कभी मन नहीं भरता, वह अतृप्त ही रहता है।

सुमित्रानंदन पंत

मोह

छोड़ द्रुमों की मृदु छाया,
तोड़ प्रकृति से भी माया,
बाले! तेरे बाल जाल में कैसे उलझा दूँ लोचन?
भूल अभी से इस जग को!

तज कर तरल तरंगों को,
इंद्रधनुष के रंगों को,
तेरे भ्रू-भंगों से कैसे बिंधवा दूँ निज मृग-सा मन?
भूल अभी से इस जग को!

कोयल का वह कोमल बोल,
मधुकर की वीणा अनमोल,
कह, तब तेरे ही प्रिय स्वर से कैसे भर लूँ सजनि! श्रवण?
भूल अभी से इस जग को!

ऊषा सस्मित किसलय दल,
सुधारश्मि से उतरा जल,
ना, अधरामृत ही के मद में कैसे बहला दूँ जीवन?
भूल अभी से इस जग को!

रामकुमार वर्मा

(1905 ई॰ से 1990 ई॰)

डॉ. रामकुमार वर्मा हिंदी साहित्य में चिंतक, समीक्षक एवं प्रकृति प्रेमी कवि के रूप में सुपरिचित हैं। आपका जन्म मध्यप्रदेश के गोपालगंज नामक गाँव में हुआ। आपने प्रयाग विश्वविद्यालय से एम.ए. की उपाधि प्रथम श्रेणी में प्राप्त कर इसी विश्वविद्यालय में दीर्घ समय तक अध्यापन कार्य भी किया। हिंदी प्राध्यापक के रूप में आपने श्रीलंका तथा रूस की भी यात्रा की। आपकी निरंतर हिंदी सेवा को देखते हुए भारत सरकार ने आपको पद्मभूषण की उपाधि से सम्मानित किया है।

आपकी प्रमुख रचनाओं में 'आकाश गंगा', 'चित्ररेखा', 'संकेत', 'चंद्रकिरण', 'उत्तरायण' एवं 'एकलव्य' विशेष उल्लेखनीय हैं।

मौन करुणा

प्रस्तुत कविता में भावुक कवि अपने प्रिय से मौन करुणा का सहारा माँगता है। कवि को विश्वास है कि मौन करुणा के आगे फूल की आयु और जवानी की वायु अर्थात् उम्र भी कम है। कवि को आकाशस्थ तारे भी आश्वस्त नहीं कर पाते। जीवन नैया पार लगाने के लिए कवि को तो मौन करुणा का ही सहारा चाहिए।

रामकुमार वर्मा

मौन करुणा

मैं तुम्हारी मौन करुणा का सहारा चाहता हूँ।

जानता हूँ, इस जगत में,
फूल की है आयु कितनी।
और यौवन की उभरती
साँस में है वायु कितनी
इसलिए आकाश का विस्तार
सारा चाहता हूँ।
मैं तुम्हारी मौन करुणा का सहारा चाहता हूँ।

प्रश्न चिह्नों में उठी हैं
भाग्य सागर की हिलोरें।
आँसुओं से रहित होंगी
क्या नयन की नमित कोरें?
जो तुम्हें कर दे द्रवित
वह अश्रु-धारा चाहता हूँ।
मैं तुम्हारी मौन करुणा का सहारा चाहता हूँ।

जोड़ कर कण-कण कृपण
आकाश ने तारे सजाये।
जो कि उज्ज्वल हैं सही,
पर क्या किसी के काम आये?
प्राण! मैं तो मार्गदर्शक
एक तारा चाहता हूँ।

मैं तुम्हारी मौन करुणा का सहारा चाहता हूँ।

यह उठा कैसा प्रभंजन!
जुड़ गईं जैसे दिशाएँ!
एक तरणी, एक नाविक
और कितनी आपदाएँ!
क्या कहूँ मँझधार में ही
मैं किनारा चाहता हूँ।
मैं तुम्हारी मौन करुणा का सहारा चाहता हूँ।

महादेवी वर्मा

(1907 ई० से 1987 ई०)

महादेवी वर्मा जी का जन्म उत्तर प्रदेश के फर्रुखाबाद नगर में एक संपन्न परिवार में हुआ। आपने घर पर ही चित्रकला एवं संगीत का अध्ययन किया। इलाहाबाद विश्वविद्यालय से आपने संस्कृत विषय लेकर एम.ए. प्रथम श्रेणी में उत्तीर्ण किया और प्रयाग महिला विद्यापीठ में प्रधानाचार्या के रूप में नियुक्त हुईं। आप हिंदी के छायावादी रहस्यवादी कवियों में से एक हैं। आपके काव्य में मीरां की तरह वेदनानुभूति एवं समर्पण भावना व्याप्त है जिसके कारण आपको 'आधुनिक मीरां' भी कहा जाता है। 'यामा' पर आपको भारतीय ज्ञानपीठ पुरस्कार प्राप्त हुआ है। भारत सरकार ने भी आपको 'पद्मभूषण' से अलंकृत किया है।

आपकी काव्य कृतियों में 'नीहार', 'रश्मि', 'नीरजा', 'सांध्यगीत', 'दीपशिखा' और 'यामा' तथा गद्य रचनाओं में 'स्मृति की रेखाएँ', 'शृंखला की कड़ियाँ', 'पथ के साथी', 'अतीत के चलचित्र' आदि प्रमुख हैं।

मैं नीर-भरी दुःख की बदली

प्रस्तुत कविता में कवयित्री ने अपने लिए 'दुःख की बदली' कहा है। विस्तृत नभ में बदली का उमड़ना और मिट जाना कोई विशेष महत्त्व नहीं रखता। परंतु नव जीवन के लिए बदली का बरसना और मिट जाना कम महत्त्वपूर्ण नहीं है। कवयित्री बदली में और अपने जीवन में समर्पण का समान सूत्र पाती है।

महादेवी वर्मा

मैं नीर-भरी दुःख की बदली

मैं नीर-भरी दुःख की बदली!

स्पंदन में चिर निस्पंद बसा
क्रंदन में आहत विश्व हँसा
नयनों में दीपक से जलते,
पलकों में निर्झरिणी मचली!

मेरा पग-पग संगीत भरा
श्वासों से स्वप्न-पराग झरा
नभ के नव रंग बुनते दुकूल
छाया में मलय-बयार पली।

मैं क्षितिज-भृकुटि पर घिर धूमिल
चिंता का भार बनी अविरल
रज-कण पर जल-कण हो बरसी,
नव जीवन-अंकुर बन निकली!

पथ को न मलिन करता आना
पथ-चिह्न न दे जाता जाना;
सुधि मेरे आगम की जग में
सुख की सिहरन हो अंत खिली!

विस्तृत नभ का कोई कोना
मेरा न कभी अपना होना,
परिचय इतना, इतिहास यही—
उमड़ी कल थी, मिट आज चली!

हरिवंशराय बच्चन
(1907 ई॰ से 2003 ई॰)

हिंदी साहित्य में हालावाद के जनक रहे हरिवंशराय बच्चन जी ने हिंदी कविता को एक नई दिशा दी है। आपका प्रारंभिक जीवनकाल अत्यंत कष्ट और अभाव में बीता। भारतीय स्वतंत्रता आंदोलन में सक्रिय होने के कारण आपको जेल-यात्रा भी करनी पड़ी है। आपकी काव्य-प्रतिभा अंतर्मुखी है। निजी जीवनानुभूतियों से जुड़कर मानवीय भावनाओं का चित्रण आपके काव्य का लक्ष्य है। आपको 'मधुशाला' के माध्यम से कवि सम्मेलनों के मंच पर विशेष प्रसिद्धि मिली।

आपकी रचनाओं में 'मधुशाला' के अतिरिक्त 'मधुबाला', 'मधुकलश', 'निशा-निमंत्रण', 'एकांत संगीत', 'बंगाल का अकाल', 'आरती और अंगारे', 'बुद्ध और नाचघर' आदि प्रमुख हैं। आपके गद्य साहित्य में 'दशद्वार से सोपान तक', 'नीड़ का निर्माण फिर', 'क्या भूलूँ क्या याद करूँ' आदि प्रसिद्ध हैं।

बीते दिन कब आनेवाले!

पहली पत्नी के देहावसान से दुखी कवि ने अपनी भावनाओं को गीतों में व्यक्त किया है। प्रस्तुत कविता उन गीतों में से ही एक है। कवि ने अपने प्रिय के खोने पर जो रिक्तता महसूस की है वह कभी न भरनेवाली है। अतः कवि कह उठते हैं–'बीते दिन कब आने वाले!'

हरिवंशराय 'बच्चन'

बीते दिन कब आनेवाले!

बीते दिन कब आनेवाले!
मेरी वीणा का मधुमय स्वर
विश्व सुनेगा कान लगाकर,
दूर गए पर मेरे उर की धड़कन को सुन पानेवाले!
बीते दिन कब आनेवाले!

विश्व करेगा मेरा आदर
हाथ बढ़ाकर, शीश नवाकर,
पर न खुलेंगे नेत्र प्रतीक्षा में जो रहते थे मतवाले!
बीते दिन कब आने वाले!

मुझमें है देवत्व जहाँ पर,
झुक जाएगा लोक वहाँ पर,
पर न मिलेंगे मेरी दुर्बलता को अब दुलरानेवाले!
बीते दिन कब आने वाले!

सूर्यकांत त्रिपाठी 'निराला'

(1897 ई॰ से 1961 ई॰)

बहुमुखी प्रतिभा के धनी एवं विद्रोही प्रवृत्ति के कवि सूर्यकांत त्रिपाठी 'निराला' जी का जन्म बंगाल के मेदिनीपुर में हुआ। बंगला, अंगरेजी, संस्कृत और हिंदी पर आपका अधिकार था। कुछ दिन आप 'मतवाला' के संपादक रहे। आपकी कविता यात्रा छायावाद से आरंभ होकर प्रगतिवाद से होती हुई प्रयोगवाद तक आती है। आप 'भाव' और 'कला' दोनों स्तरों पर 'निराला' थे। आपने हिंदी कविता को छंदबद्धता से मुक्त कर मुक्त छंद प्रदान किया। दार्शनिकता, विद्रोह और क्रांतिकारिता के साथ-साथ शृंगार की तरलता भी आपकी रचनाओं में निहित है।

आपकी काव्यकृतियों में 'अनामिका', 'परिमल', 'गीतिका', 'तुलसीदास', 'कुकुरमुत्ता', 'नये पत्ते', 'आराधना', 'अर्चना' आदि तथा 'अप्सरा', 'अलका', 'प्रभावती', 'निरुपमा', आदि उपन्यास प्रसिद्ध हैं। आपके रेखाचित्र एवं निबंध संग्रह भी चर्चित रहे हैं।

तोड़ती पत्थर

'तोड़ती पत्थर' प्रगतिवादी कविता है। इसमें पत्थर तोड़नेवाली श्रमजीवी महिला की मूक वेदना को अभिव्यक्त करते हुए कवि ने समाज के अमीर और गरीब वर्ग में बढ़ते फासले को रेखांकित किया है। कवि की संवेदना श्रमजीवी वर्ग के साथ है।

सूर्यकांत त्रिपाठी 'निराला'

तोड़ती पत्थर

वह तोड़ती पत्थर!
देखा मैंने उसे इलाहाबाद के पथ पर
वह तोड़ती पत्थर!
कोई न छायादार
पेड़ वह जिसके तले बैठी, हुई स्वीकार,
श्याम तन, भर बँधा यौवन,
नत नयन, प्रिय कर्म रत मन।
गुरु हथौड़ा हाथ,
करती बार-बार प्रहार—
सामने तरु मालिका अट्टालिका, प्राकार।

चढ़ रही थी धूप
गर्मियों के दिन
दिवा का तमतमाता रूप।
उठी झुलसाती हुई लू
रुई ज्यों जलती हुई भू
गर्द चिनगी छा गई,
प्रायः हुई दुपहर;
वह तोड़ती पत्थर!
देखते देखा मुझे तो एक बार
उस भवन की ओर देखा, छिन्न तार,
देख कर कोई नहीं,

देखा मुझे उस दृष्टि से
जो मार खा रोई नहीं,
सजा सहज सितार,
सुनी मैंने वह नहीं जो थी सुनी झंकार।
एक क्षण के बाद वह काँपी सुघर,
ढुलक माथे से गिरे सीकर
लीन होते कर्म में फिर ज्यों कहा—
'मैं तोड़ती पत्थर।'

रामधारी सिंह 'दिनकर'

(1908 ई॰ से 1974 ई॰)

राष्ट्रीय एवं प्रगतिवादी विचारों के लिए अग्रणी रहे दिनकर जी का जन्म बिहार के 'सिमरिया' नामक गाँव में हुआ। आप सरकार के विभिन्न पदों पर कार्यरत रहकर भी हिंदी की सेवा में निरत रहे। भारतीय इतिहास और संस्कृति के गहन अध्येता रहे दिनकर जी ने हिंदी साहित्य में गद्य और पद्य दोनों ही क्षेत्रों में विशेष योगदान दिया। आप राज्यसभा के सदस्य भी रहे हैं। भागलपुर विश्वविद्यालय के कुलपति के रूप में आप शिक्षा विभाग से भी जुड़े। 'उर्वशी' खंडकाव्य पर आपको ज्ञानपीठ पुरस्कार से सम्मानित किया गया।

आपके साहित्य संसार में 'रेणुका', 'हुंकार', 'बापू', 'परशुराम की प्रतिज्ञा', 'नीम के पत्ते', 'रश्मिरथी', 'कुरुक्षेत्र', 'उर्वशी' आदि काव्य-संग्रह तथा 'रेती के फूल', 'संस्कृति के चार अध्याय' आदि गद्य कृतियाँ प्रसिद्ध हैं।

जनतंत्र का जन्म

प्रस्तुत कविता में कवि ने जनतंत्र व्यवस्था में जनता का महत्त्व सर्वोपरि है, यह स्पष्ट किया है। व्यवस्था यह न समझे कि जनता सब कुछ सह लेती है। कवि आगाह करते हैं कि अब जनता जाग्रत हुई है, अब जनता का ही राज होगा।

रामधारी सिंह 'दिनकर'

जनतंत्र का जन्म

सदियों की ठंडी-बुझी राख सुगबुगा उठी,
मिट्टी सोने का ताज पहन इठलाती है;
दो राह, समय के रथ का घर्घर-नाद सुनो,
सिंहासन खाली करो कि जनता आती है।

जनता? हाँ, मिट्टी की अबोध मूरतें, वही,
जाड़े-पाले की कसक सदा सहने वाली,
जब अंग-अंग में लगे साँप हों चूस रहे,
तब भी न कभी मुँह खोल दर्द कहने वाली।

जनता? हाँ, लंबी-बड़ी जीभ की वही कसम,
"जनता, सचमुच ही बड़ी वेदना सहती है।"
"सो ठीक, मगर, आखिर इस पर जनमत क्या है?"
"है प्रश्न गूढ़, जनता इस पर क्या कहती है?"

मानो जनता हो फूल जिसे एहसास नहीं,
जब चाहो तभी उतार सजा लो दोनों में;
अथवा कोई दुधमुँही जिसे बहलाने के
जंतर-मंतर सीमित हों चार खिलौनों में।

लेकिन, होता भूडोल, बवंडर उठते हैं,
जनता जब कोपाकुल हो भृकुटि चढ़ाती है;
दो राह, समय के रथ का घर्घर नाद सुनो,
सिंहासन खाली करो कि जनता आती है।

हुंकारों से महलों की नींव उखड़ जाती।
साँसों के बल से ताज हवा में उड़ता है;
जनता की रोके राह, समय में ताब कहाँ?
वह जिधर चाहती काल उधर ही मुड़ता है।

अब्दों, शताब्दियों, सहस्राब्द का अंधकार
बीता, गवाक्ष अंबर के दहके जाते हैं,
यह और नहीं कोई, जनता के स्वप्न अजय
चीरते तिमिर का वक्ष उमड़ते आते हैं।

सबसे विराट जनतंत्र जगत का आ पहुँचा,
तैंतीस कोटि-हित सिंहासन तैयार करो;
अभिषेक आज राजा का नहीं, प्रजा का है,
तैंतीस कोटि जनता के सिर पर मुकुट धरो।

आरती लिए तू किसे ढूँढ़ता है मूरख,
मंदिरों, राजप्रासादों में, तहखानों में?
देवता कहीं सड़कों पर मिट्टी तोड़ रहे,
देवता मिलेंगे खेतों में, खलिहानों में।

फावड़े और हल राजदंड बनने को हैं,
धूसरता सोने से शृंगार सजाती है;
दो राह, समय के रथ का घर्घर-नाद सुनो,
सिंहासन खाली करो कि जनता आती है।

नागार्जुन
(1911 ई० से 1998 ई०)

नागार्जुन उर्फ वैद्यनाथ मिश्र जी का जन्म दरभंगा जिले के तरौनी नामक गाँव में हुआ। आपने मैथिली और हिंदी के अलावा संस्कृत में भी रचनाएँ की हैं। रचनाकार के रूप में आपका व्यक्तित्त्व बहुआयामी और बहुस्तरीय रहा है। बौद्ध मत एवं मार्क्सवाद से प्रभावित रहे आप के सर्जन में शोषण का विरोध तथा समाजवाद और जनतंत्र में विश्वास व्यक्त हुआ है। प्रखर बुद्धिवादी होते हुए भी आपकी रचनाओं में संवेदनशील कवि के दर्शन होते हैं।

'युगधारा', 'सतरंगे पंखों वाली', 'प्यासी पथरायी आँखें', 'तुमने कहा था', 'हजार-हजार बाँहों वाली', 'भस्मांकुर', 'भूमिजा' आदि आपके काव्य-संग्रह तथा 'रतिनाथ की चाची', 'बलचनमा', 'बाबा बटेसरनाथ', 'दुखमोचन' आदि उपन्यास प्रसिद्ध हैं। आपने 'मेघदूत' का अनुवाद भी किया है।

कालिदास से

प्रस्तुत कविता में कवि ने महाकवि कालिदास से भावात्मक प्रश्न किए हैं। कभी-कभी रचनाकार का दुःख उसके पात्रों के माध्यम से व्यक्त हो जाता है। कालिदास ने 'रघुवंश' में अज का शोक, 'कुमारसंभव' में रति का विलाप तथा 'मेघदूत' में यक्ष का विरह वर्णन बड़ा ही सजीव चित्रित किया है। अतः कवि नागार्जुन जी महाकवि कालिदास से प्रश्न करते हैं कि कहीं यक्ष, अज, रति की वेदना तुम्हारी अपनी तो नहीं है?

नागार्जुन

कालिदास से

कालिदास सच-सच बतलाना!
इंदुमती के मृत्युशोक से
अज रोया या तुम रोये थे?
कालिदास, सच-सच बतलाना!

शिवजी की तीसरी आँख से
निकली हुई महाज्वाला में
घृत मिश्रित सूखी समिधा-सम
कामदेव जब भस्म हो गया
रति का क्रंदन सुन आँसू से
तुमने ही तो दृग धोये थे?
कालिदास, सच सच बतलाना
रति रोई या तुम रोये थे?

वर्षा ऋतु की स्निग्ध भूमि का
प्रथम दिवस आषाढ़ मास का
देख गगन में श्याम घन घटा
विधुर यक्ष का मन जब उचटा
खड़े-खड़े तब हाथ जोड़कर
चित्रकूट के सुलभ शिखर पर
उस बेचारे ने भेजा था
जिसके ही द्वारा संदेशा

उन पुष्करावर्त मेघों का
साथी बनकर उड़नेवाले
कालिदास, सच-सच बतलाना
पर पीड़ा से पूर-पूर हो
थक-थक कर और चूर-चूर हो
अमल धवल गिरि के शिखरों पर
प्रियवर तुम कब तक सोये थे?

रोया यक्ष कि तुम रोये थे?
कालिदास, सच-सच बतलाना!

अज्ञेय

(1911 ई॰ से 1987 ई॰)

प्रयोगवादी काव्यधारा के प्रवर्तक सच्चिदानंद हीरानंद वात्स्यायन 'अज्ञेय' जी का जन्म उत्तर प्रदेश के कसिया नामक गाँव में हुआ। आप कवि, उपन्यासकार, कहानीकार, निबंधकार, आलोचक के रूप में प्रसिद्ध हैं। साहित्य के क्षेत्र में आपकी प्रतिभा ने क्रांति मचा दी है। आपके द्वारा संपादित 'तारसप्तक' चर्चित काव्य-संग्रह रहा है।

'कितनी नावों में कितनी बार' इस कृति पर आपको भारतीय ज्ञानपीठ पुरस्कार प्राप्त हो चुका है।

आपकी अन्य काव्यकृतियों में 'इंद्रधनु रौंदे हुए ये', 'बावरा अहेरी', 'इत्यलम्', 'हरी घास पर क्षणभर', 'अरी ओ करुणा प्रभामय', 'आँगन के पार द्वार' आदि प्रसिद्ध हैं। 'शेखर : एक जीवनी', 'अरे यायावर रहेगा याद', 'आत्मनेपद' आदि आपका गद्य साहित्य चर्चित रहा है।

कलगी बाजरे की

प्रस्तुत कविता प्रयोगवादी कविता है। कवि की दृष्टि में परंपरागत प्रतीक बार-बार प्रयुक्त होते रहने से मैले अर्थात् अनुपयुक्त हो गए हैं। अतः कवि अपनी प्रिया के लिए नए प्रतीक का प्रयोग करता है—कलगी बाजरे की। एक प्रकार से प्रयोगवाद की भूमिका ही इस कविता में व्यक्त हुई है।

आधुनिक कविता में प्रयुक्त नए प्रतीकों-उपमानों तथा परिवर्तित सौंदर्यबोध के सिलसिले में अज्ञेय की इस कविता को प्रायः उद्धृत किया जाता है।

अज्ञेय

कलगी बाजरे की

हरी बिछली घास।
दोलती कलगी छरहरी बाजरे की।
अगर मैं तुमको
ललाती साँझ के नभ की अकेली तारिका
अब नहीं कहता,
या शरद के भोर की नीहार न्हायी कुईं,
टटकी कली चंपे की
वगैरह, तो
नहीं कारण कि मेरा हृदय उथला या कि सूना है
या कि मेरा प्यार मैला है।

बल्कि केवल यही :
कि ये उपमान मैले हो गये हैं।
देवता इन प्रतीकों के कर गये हैं कूच।
कभी बासन अधिक घिसने से मुलम्मा छूट जाता है।
मगर क्या तुम
नहीं पहचान पाओगी :
तुम्हारे रूप के—
तुम हो, निकट ही, इसी जादू के—
निजी किस सहज, गहरे बोझ से,
किस प्यार से मैं कह रहा हूँ—
अगर मैं यह कहूँ—
बिछली घास हो तुम

लहलहाती हवा में कलगी छरहरी बाजरे की?
आज हम शहरातियों को
पालतू मालंच पर सँवरी जुही के फूल से
सृष्टि के विस्तार का–ऐश्वर्य का–
औदार्य का–
कहीं सच्चा, कहीं प्यारा–
एक प्रतीक
बिछली घास है,
या शरद की साँझ के सूने गगन की पीठिका पर
दोलती कलगी अकेली बाजरे की।

और सचमुच, इन्हें जब-जब देखता हूँ
यह खुला वीरान संसृति का घना हो सिमट आता है–
और मैं एकांत होता हूँ
समर्पित।
शब्द जादू हैं–
मगर क्या यह समर्पण कुछ नहीं है?

शिवमंगल सिंह 'सुमन'

(1916 ई॰ से 2002 ई॰)

हिंदी के प्रतिभाशाली कवि शिवमंगल सिंह 'सुमन' हिंदी के प्राध्यापक थे। बाद में नेपाल के भारतीय दूतावास में सांस्कृतिक सहायक के रूप में नियुक्त हुए। वहाँ से लौटने पर आप विक्रम विश्वविद्यालय के कुलपति बने। 'मिट्टी की बारात' पर आपको साहित्य अकादमी पुरस्कार प्राप्त हुआ है। आप साम्यवादी कवि के रूप में जाने जाते हैं।

आपकी प्रसिद्ध रचनाएँ हैं–'हिल्लोल', 'जीवनगान', 'प्रलय सृजन', 'विश्वास बढ़ता ही गया', 'पर आँखें नहीं भरीं', 'मिट्टी की बारात' आदि।

वरदान माँगूँगा नहीं

प्रस्तुत कविता में कवि का आत्मविश्वास झलकता है। जीवन-संघर्ष में चाहे कितनी ही कठिन परिस्थितियाँ क्यों न आएँ, कवि दया की भीख नहीं माँगेंगे। फिर चाहे हार मिले या जीत, कवि किंचित भी भयभीत नहीं है।

शिवमंगल सिंह 'सुमन'

वरदान माँगूँगा नहीं

यह हार एक विराम है
जीवन महा-संग्राम है
तिल-तिल मिटूँगा पर दया की भीख मैं लूँगा नहीं
वरदान माँगूँगा नहीं

स्मृति सुखद प्रहरों के लिए
अपने खंडहरों के लिए
यह जान लो मैं विश्व की संपत्ति चाहूँगा नहीं
वरदान माँगूँगा नहीं

क्या हार में क्या जीत में
किंचित नहीं भयभीत मैं
संघर्ष पथ पर जो मिले यह भी सही वह भी सही
वरदान माँगूँगा नहीं

लघुता न अब मेरी छुओ
तुम हो महान बने रहो
अपने हृदय की वेदना मैं व्यर्थ त्यागूँगा नहीं
वरदान माँगूँगा नहीं

चाहे हृदय को ताप दो
चाहे मुझे अभिशाप दो
कुछ भी करो कर्तव्य-पथ से किंतु भागूँगा नहीं
वरदान माँगूँगा नहीं

गजानन माधव 'मुक्तिबोध'

(1917 ई॰ से 1964 ई॰)

कविवर मुक्तिबोध जी का जन्म ग्वालियर के पास श्योपुर नामक कस्बे में हुआ। आपके पूर्वज जलगाँव (खानदेश) में रहते थे। आपके जीवन में भयानक आर्थिक संकट रहा। गहन विद्याव्यसनी एवं आत्मचेतस मुक्तिबोध मार्क्सवाद से प्रभावित थे। आप व्यक्ति-स्वातंत्र्य और विचार-स्वातंत्र्य के हिमायती थे। मध्य प्रदेश सरकार ने जब आपकी रचना 'भारत : इतिहास और संस्कृति' पर प्रतिबंध लगाया तब वे बहुत दुःखी हुए थे। आप बहुत स्वाभिमानी थे।

'तारसप्तक' में आपकी कविताएँ संगृहीत रही हैं। इसके साथ ही 'चाँद का मुँह टेढ़ा है', 'भूरी-भूरी खाक धूल' काव्य-संग्रह; 'विपात्र' उपन्यास; 'काठ का सपना' कहानी-संग्रह; 'एक साहित्यिक की डायरी, चिंतनपरक निबंध संग्रह आपका सर्वोत्कृष्ट सर्जन है।

जन-जन का चेहरा एक

कार्ल मार्क्स ने यह घोषणा की थी कि 'दुनिया के मजदूर एक हो।' उसी की तर्ज पर कवि मुक्तिबोध ने प्रस्तुत कविता में संसार भर के श्रमिकों, शोषितों एवं दुःखी जन को एक सूत्र में पिरोना चाहा है। कवि के अनुसार श्रमिक चाहे किसी भी देश, प्रांत अथवा धर्म का हो, उनका दुःख और शत्रु एक ही होता है—पूँजीवाद।

गजानन माधव 'मुक्तिबोध'

जन-जन का चेहरा एक

चाहे जिस देश, प्रांत, पुर का हो
जन-जन का चेहरा एक!

एशिया की, यूरोप की, अमरीका की
गलियों की धूप एक।
कष्ट-दुःख संताप की,
चेहरों पर पड़ी हुई झुर्रियों का रूप एक!
जोश में यों ताकत से बँधी हुई
मुट्ठियों का एक लक्ष्य!
पृथ्वी के गोल चारों ओर के धरातल पर
है जनता का दल एक एक पक्ष।
जलता हुआ लाल कि भयानक सितारा एक,
उद्दीपित उसका विकराल-सा इशारा एक।
गंगा में इरावती में, मिनाम में
अपार अकुलाती हुई,
नील नदी, आमेजन, मिसौरी में वेदना से गाती हुई,
बहती-बहाती हुई जिंदगी की धारा एक;
प्यार का इशारा एक, क्रोध का दुधारा एक।
पृथ्वी का प्रसार
अपनी सेनाओं से किये हुए गिरफ्तार,
गहरी काली छायाएँ पसारकर,
खड़े हुए शत्रु का काले-से पहाड़ पर
काला-काला दुर्ग एक,
जन-शोषक शत्रु एक।

आशामयी लाल-लाल किरणों से अंधकार
चीरता-सा मित्र का स्वर्ग एक;
जन-जन का मित्र एक।
विराट् प्रकाश एक, क्रातिं की ज्वाला एक,
धड़कते वक्षों में है सत्य का उजाला एक।
लाख-लाख पैरों की मोच में है वेदना का तार एक,
हिये में हिम्मत का सितारा एक।
चाहे जिस देश, प्रांत, पुर का हो
जन-जन का चेहरा एक!

एशिया के, यूरोप के, अमरीका के
भिन्न-भिन्न वास-स्थान;
भौगोलिक, ऐतिहासिक बंधनों के बावजूद,
सभी ओर हिंदुस्तान, सभी ओर हिंदुस्तान।
सभी ओर बहनें हैं, सभी ओर भाई हैं।
सभी ओर कन्हैया ने गायें चरायी हैं
जिंदगी की मस्ती का अकुलाता भोर एक;
बंसी की धुन सभी ओर एक।
दानव दुरात्मा एक,
मानव की आत्मा एक।
शोषक और खूनी और चोर एक।
जन-जन के शीर्ष पर,
शोषण का खड्ग अति घोर एक।
दुनिया के हिस्सों में चारों ओर
जन-जन का युद्ध एक,
मस्तक की महिमा
व अंतर की ऊष्मा
से उठती है ज्वाला अति क्रुद्ध एक।
संग्राम का घोष एक,
जीवन-संतोष एक।
क्रांति का निर्माण का, विजय का सेहरा एक,
चाहे जिस देश, प्रांत, पुर का हो
जन-जन का चेहरा एक!

प्रभाकर माचवे

(1917 ई॰)

कवि, निबंधकार और उपन्यासकार के रूप में प्रभाकर माचवे जी हिंदी पाठकों को सुपरिचित हैं। मूलतः मराठीभाषी प्रभाकर माचवे जी का हिंदी साहित्य में बहुत बड़ा योगदान है। साहित्य अकादमी, आकाशवाणी और केंद्रीय लोकसेवा आयोग के विविध सरकारी पदों पर रहते हुए भी आपने साहित्य की उल्लेखनीय सेवा की है। 'तारसप्तक' के आप प्रमुख कवि रहे हैं।

'परंतु' 'संगीनों का साया', 'हिंदी मराठी निर्गुण संतकाव्य', 'छत्रपति शिवाजी', 'खरगोश के सींग' आदि आपकी प्रमुख कृतियाँ हैं।

प्रतिभा का मूल बिंदु

कवि की प्रतिभा को लेकर सामान्य जनों में हमेशा जिज्ञासा रही है। 'प्रतिभा' का जन्म कहाँ होता है? उसका विकास कैसे होता है? आदि प्रश्न विद्वानों को भी सताते आए हैं। परंतु कवि बताते हैं कि प्रतिभा महलों में नहीं जीवन-संघर्ष के असिधारा-व्रत में बसती है।

प्रभाकर माचवे

प्रतिभा का मूल बिंदु

"कहाँ जन्म है तेरा?" मैंने पूछा जब प्रतिभा से,
"महलों में? गुलगुले गलीचों पर? गुलाब की क्यारी में?
वृद्धों की चिंता में? बच्चों की दंतहीन किलकारी में?
बोलो, तुम रहती कहाँ, जानने को हम सब हैं कितने प्यासे!"

कवि बोला—"वह तो दिवास्वप्न की रानी है,"
शिल्पी ने मिट्टी के लौंदे की ओर सहज संकेत किया;
ओ' चित्रकार ने फलक, वर्ण, तूली को सहज समेट लिया,
गायिका कह गई—"क्या तूने दिव्य-स्वर की मदिरा पी है?"

क्या निरी कल्पना प्रतिभा है, क्या निरी सूझ की तितिल-परी?
क्या प्रतिभा केवल नवनवीन विस्मय—ऊपजाऊ ऊहा है?
प्रतिभा क्या है संध्या-भाषा? सिद्धों का पाहुड़-दूहा है?
प्रतिभा अनुभूति-रसायन है? गहरे 'जीवन' की चल-शफरी?

प्रतिभा बोली—"यातना, निरंतर कष्ट-सहन की ताकत में
मैं बसती हूँ संघर्ष-निरत साधक में, असिधारा-व्रत में।"

गिरिजाकुमार माथुर

(1919 ई॰)

नई कविता के सशक्त कवि गिरिजाकुमार माथुर की प्रारंभिक रचनाओं में रूमानियत की झलक मिलती है। परंतु समय के साथ-साथ आपकी कविता की भावभूमि यथार्थ चित्रण की ओर अग्रसर हुई। आपके काव्य में जहाँ उपमानों की नवीनता है वहाँ रंग योजना और ध्वनि संगीत का भी सुंदर समन्वय हुआ है। आपकी रचनाओं में मानव के भविष्य पर चिंता व्यक्त हुई है।

'नाश और निर्माण', 'धूप के धान', 'शिलापंख चमकीले', 'भीतरी नदी की यात्रा' आदि आपके काव्य ग्रंथ प्रसिद्ध हैं।

माटी और मेघ

प्रस्तुत कविता में कवि ने माटी और मेघ अर्थात् धरती और आकाश का संबंध स्पष्ट किया है। आकाश जो देता है वही धरती लौटाती है। परंतु आधुनिक मानव पृथ्वी को अणु-धूम बनाना चाह रहा है यही कवि की चिंता का विषय है। फिर भी कवि मानव भविष्य के प्रति आश्वस्त है।

गिरिजाकुमार माथुर

माटी और मेघ

ये मानसून के काले धुंध भरे-बादल
ज्यों पानी भरी हुई माटी छायी ऊपर
यह नमी भूमि की चढ़ी हवा के अश्वों पर
हो गये मेघ सोंधे माटी का तन छूकर।

जल का मंडल है खिंचा चाँद के आसपास
ज्यों गोल धरा की छाया नभ पर अंकित हो
चितकबरे बादल-ढकी चाँदनी चमक रही
ज्यों घिसे आइने में मुख की छवि खंडित हो।

है आसमान स्लेटी, नीला, काला, मैला
नभ के कागज पर चित्र भूमि बनकर फैला
मकई घूँघट में भीगे, कद्दू खड़ा हँसे
पीले फूलों के नम कपड़े पहिने छैला।

जल भरी रात, बरसात, मेघ रस में भीगे
माटी से उठकर माटी में ही मिल जाते
वे बनते भरे ताल, नाले, जलमग्न खेत
फिर हरी कजलियाँ, फूल फसल बन उग आते।

धरती जो देती कोटि रूप है वह पाता
जल बीज विकसकर वर्षा बन वापिस आता
माटी का मानव माटी को हाथों में ले
रस, धातु, द्रव्य की संस्कृतियाँ रचता जाता।

पर पवन न कह सकता मैं मरण धरा का हूँ
कह सका न मेघ बरसकर सृष्टि बहाता हूँ
सागर कब कह पाया जल प्रलय करूँगा मैं
कब कहा सूर्य ने मैं अब धरती खाता हूँ।

इन्सान मगर धरती को खाना चाह रहा
जीवन डोरों में आग लगाना चाह रहा
मिट्टी की सूक्ष्म शक्ति का लेकर अग्निबीज
वह पृथ्वी को अणु-धूम बनाना चाह रहा।

वह शुष्क हवा के पर्त जलाने जाता है
सागर खंडों को भाप बनाने जाता है
ब्रह्मांड द्रव्य की चौमुख आँच मशाल उठा
वह अपना नाम-निशान मिटाने जाता है।

क्या प्रकृति मनुज के हाथ प्रलय बन जाएगी
पृथ्वी ढेले-सी फूट चूर हो जाएगी
सभ्यता, मनुजता, संस्कृति की इतिहास-राख
नभ के खोखल में उल्का बन खो जाएगी।

जो बीज धरा ने दिया न वह मुरझा सकता
माटी का तेज नहीं माटी को खा सकता
इन्सान करे चाहे जितनी कोशिश लेकिन
जीवन-दीपक की लौ वह नहीं बुझा सकता।

इन्सान और भी हैं जो अपनी उँगली से
अणु-दीपों की यमशिखा दबा ठंडी करते
मिट्टी की सूक्ष्म सृष्टि का लेकर ज्योति-बीज
वे अँधियारी दुनिया को सतरंगी करते।

इन्सान और भी हैं जो मिट्टी से रस ले
नूतन समाज की प्रतिमा रचते जाते हैं
इन्सान और भी हैं जो मिट्टी से उठकर
बनकर भविष्य के मेघ बरसते जाते हैं।

सर्वेश्वरदयाल सक्सेना

(1927 ई॰ से 1983 ई॰)

सर्वेश्वरदयाल सक्सेना जी का जन्म उत्तर प्रदेश के बस्ती जिले में हुआ। आप आधुनिक जीवन की विसंगतियों को सजग कलाकार की तरह पकड़ते और व्यक्त करते आए हैं। नवधनाढ्यों की प्रदर्शनप्रियता पर आपने तीखे व्यंग्य किए हैं। एक ओर बौद्धिकता तो दूसरी ओर भावात्मकता आपकी कविता की विशेषता है। लोकजीवन के राग और रंग में डूबी आपकी कविता पाठक के मन को छू जाती है। 'तीसरे सप्तक' में आपकी रचनाओं को स्थान मिला है।

'काठ की घंटियाँ', 'बाँस का फूल', 'एक सूनी नाव', 'गर्म हवाएँ' और 'कुआनो नदी' आपकी प्रमुख कृतियाँ हैं।

'सुहागिन का गीत'

प्रस्तुत कविता में पति-पत्नी के प्रणय को उनके परस्पर अनुनय-आग्रह को लोकरंग के साथ प्रस्तुत किया गया है। पति का प्रगाढ़ प्यार पाने और निरंतर उसके साथ रहने की इच्छा से पत्नी तरह-तरह के बहाने बनाकर पति को 'परदेस' जाने से रोकती है।

गीत की भाषा और उसमें चित्रित वातावरण लोक-जीवन को, उसके राग-रंग और आह्लाद-उल्लास को सजीव कर देते हैं।

सर्वेश्वर दयाल सक्सेना

'सुहागिन का गीत'

यह डूबी-डूबी साँझ
उदासी का आलम :
मैं बहुत अनमनी
चले नहीं जाना बालम।

ड्योढ़ी पर पहले दीप जलाने दो मुझको,
तुलसी जी की आरती सजाने दो मुझको,
मंदिर में घंटे, शंख और घड़ियाल बजे
पूजा की साँझ सँझौती गाने दो मुझको,
उगने तो दो पहले उत्तर में ध्रुव तारा,
पथ के पीपल पर कर आने दो उजियारा,
पगडंडी पर जल, फूल-दीप धर आने दो,
चरणामृत जाकर ठाकुर जी का लाने दो,
यह डूबी-डूबी साँझ उदासी का आलम,
मैं बहुत अनमनी चले नहीं जाना बालम।

यह काली-काली रात
बेबसी का आलम,
मैं डरी-डरी-सी
चले नहीं जाना बालम।

बेले की पहले ये कलियाँ खिल जाने दो
कल का उत्तर पहले इनसे मिल जाने दो
तुम क्या जानो यह किन प्रश्नों की गाँठ पड़ी?

रजनीगंधा से ज्वार सुरभि की आने दो,
इस नीम-ओट से ऊपर उठने दो चंदा
घर के आँगन में तनिक रोशनी आने दो,
कर लेने दो तुम मुझको बंद कपाट जरा
कमरे के दीपक को पहले सो जाने दो,
यह काली-काली रात बेबसी का आलम,
मैं डरी-डरी-सी चले नहीं जाना बालम।

यह ठंडी-ठंडी रात
उनींदा-सा आलम,
मैं नींद-भरी-सी
चले नहीं जाना बालम।

चुप रहो जरा सपना पूरा हो जाने दो,
घर की मैना को जरा प्रभाती गाने दो,
खामोश धरा-आकाश, दिशाएँ सोयी हैं,
तुम क्या जानो क्या सोच रात भर रोयी हैं?
ये फूल सेज के चरणों पर धर देने दो,
मुझको आँचल में हरसिंगार भर लेने दो,
मिटने दो आँखों के आगे का अँधियारा,
पथ पर पूरा-पूरा प्रकाश हो लेने दो!
यह ठंडी-ठंडी रात उनींदा-सा आलम,
मैं नींद भरी-सी चले नहीं जाना बालम।

धर्मवीर भारती

(1926 ई॰ से 1996 ई॰)

प्रेम और सौंदर्य के कवि धर्मवीर भारती का जन्म इलाहाबाद में हुआ। आप प्रसिद्ध पत्रिका 'धर्मयुग' के संपादक रहे हैं। आपकी कविता बौद्धिकता और दुरूहता से दूर है। जहाँ एक ओर आपकी कविता में रोमांटिक भाव-बोध चित्रित है, वहीं दूसरी ओर आधुनिक जीवन की मर्यादाहीनता, अनास्था, संशय और घुटन को आक्रोश के साथ व्यक्त किया गया है। इस दृष्टि से आपकी रचनाएँ 'कनुप्रिया' और 'अंधा युग' विशेष उल्लेख्य हैं?

आपकी रचनाओं में 'ठंडा लोहा', 'सात गीत वर्ष' काव्य-संग्रह; 'गुनाहों का देवता', 'सूरज का सातवाँ घोड़ा', उपन्यास; 'नदी प्यासी थी' नाटक; 'ठेले पर हिमालय' निबंध संग्रह तथा 'मानवमूल्य और साहित्य' समीक्षा ग्रंथ प्रमुख हैं।

एक प्रश्न

प्रस्तुत कविता 'कनुप्रिया' से ली गई है जिसमें कवि ने राधा-कृष्ण के प्रेम-कथानक को नया आयाम देकर उसे व्यापक मानवीय सौंदर्य से जोड़ने का प्रयास किया है। अतः राधा कृष्ण से युद्ध की सार्थकता को लेकर प्रश्न उपस्थित करती है और इस ओर ध्यान आकर्षित करती है कि युद्ध चाहे जिस कारण से हुआ हो, होता तो विनाश ही है।

धर्मवीर भारती

एक प्रश्न

अच्छा, मेरे महान् कनु,
मान लो कि क्षण-भर को
मैं यह स्वीकार लूँ
कि मेरे ये सारे तन्मयता के गहरे क्षण
सिर्फ भावावेश थे,
सुकोमल कल्पनाएँ थीं
रँगे हुए, अर्थहीन, आकर्षक शब्द थे—

मान लो कि
क्षण-भर को
मैं यह स्वीकार लूँ
कि
पाप-पुण्य, धर्माधर्म, न्याय-दंड
क्षमा-शीलवाला यह तुम्हारा युद्ध सत्य है—

तो भी मैं क्या करूँ कनु,
मैं तो वही हूँ
तुम्हारी बावरी मित्र
जिसे सदा उतना ही ज्ञान मिला
जितना तुमने उसे दिया

जितना तुमने मुझे दिया है अभी तक
उसे पूरा समेटकर भी

आस-पास जाने कितना है तुम्हारे इतिहास का
जिसका कुछ अर्थ मुझे समझ नहीं आता है!

अपनी जमुना में
जहाँ घंटों अपने को निहारा करती थी मैं
वहाँ अब शस्त्रों से लदी हुई
अगणित नौकाओं की पंक्ति रोज-रोज कहाँ जाती है?
धारा में बह-बहकर आते हुए, टूटे रथ
जर्जर पताकाएँ किसकी हैं?

हारी हुई सेनाएँ, जीती हुई सेनाएँ
नभ को कँपाते हुए, युद्ध-घोष, क्रंदन-स्वर
भागे हुए सैनिकों से सुनी हुई
अकल्पनीय अमानुषिक घटनाएँ युद्ध की
क्या ये सब सार्थक हैं?
चारों दिशाओं से
उत्तर को उड़-उड़कर जाते हुए
गृद्धों को क्या तुम बुलाते हो
(जैसे बुलाते थे भटकी हुई गायों को)

जितनी समझ तुमसे अब तक पायी है कनु,
उतनी बटोरकर भी
कितना कुछ है जिसका
कोई भी अर्थ मुझे समझ नहीं आता है
अर्जुन की तरह कभी
मुझे भी समझा दो
सार्थकता है क्या बंधु?
मान लो कि मेरी तन्मयता के गहरे क्षण
रँगे हुए, अर्थहीन आकर्षक शब्द थे—
तो सार्थक फिर क्या है कनु?

('कनुप्रिया' से)

केदारनाथ सिंह

(1934 ई॰)

केदारनाथ सिंह का जन्म उत्तर प्रदेश के बलिया जिले के चकिया गाँव में हुआ। विभिन्न महाविद्यालयों में हिंदी अध्यापन करने के बाद आप जवाहरलाल नेहरू, विश्वविद्यालय दिल्ली चले गए जहाँ हिंदी विभाग के अध्यक्ष रहे। ग्रामीण जीवन के प्रति अत्यंत संवेदनशील केदारनाथ जी 'तीसरा सप्तक' के महत्त्वपूर्ण कवि रहे हैं। मुक्तछंद के बावजूद आपकी कविता लोकगीतों का आभास देती है। 'अकाल में सारस' पर आपको साहित्य अकादमी पुरस्कार प्राप्त हुआ है।

'अभी बिल्कुल अभी', 'जमीन पक रही है', 'यहाँ से देखो', 'उत्तर कबीर तथा अन्य रचनाएँ', 'बाघ', 'अकाल में सारस' आपके प्रसिद्ध काव्य-ग्रंथ हैं।

धानों का गीत

किसान के जीवन में धान का और धान के लिए बादलों का बरसना अत्यंत महत्त्वपूर्ण होता है। बादलों के बरसने से ही किसान के जीवन में खुशियाँ आती हैं। अतः किसान बादलों को आने की प्रार्थना करता है।

केदारनाथ सिंह

धानों का गीत

धान उगेंगे कि प्रान उगेंगे
उगेंगे हमारे खेत में
आना जी बादल जरूर!
चंदा को बाँधेंगे कच्ची कलगियों
सूरज को सूखी रेत में
आना जी बादल जरूर!
आगे पुकारेगी सूनी डगरिया
पीछे झुके बन-बेंत
संझा पुकारेंगी गीली अखड़ियाँ
भोर हुए धन खेत;
आना जी बादल जरूर!
धान कँपेंगे कि प्रान कँपेंगे
कँपेंगे हमारे खेत में,
आना जी बादल जरूर!

धूप ढरे तुलसी-बन झरेंगे,
साँस घिरे पर कनेर,
पूजा की वेला में ज्वार झरेंगे
धान–दिये की बेर,
आना जी बादल जरूर!
धान पकेंगे कि प्रान पकेंगे
पकेंगे हमारे खेत में
आना जी बादल जरूर!

झीलों के पानी खजूर हिलेंगे,
खेतों में पानी बबूल,
पछुवा के हाथों में शाखें हिलेंगी,
पुरवा के हाथों में फूल,
आना जी बादल जरूर!

धान तुलेंगे कि प्रान तुलेंगे,
तुलेंगे हमारे खेत में,
आना जी बादल जरूर!

धूमिल

(1936 ई॰ से 1975 ई॰)

सुदामा पांडेय उर्फ 'धूमिल' का जन्म बनारस के पास खेवली नामक गाँव में निम्न मध्यवर्गीय किसान परिवार में हुआ था। मजदूर की जिंदगी जीनेवाले धूमिल स्वतंत्र प्रकृति के व्यक्ति थे और भीतर से क्रांतिकारी भी। आपको मोहभंग का कवि माना जाता है। आपके लिए 'कविता की असली शर्त आदमी होना है'। अतः आपकी रचनाओं में सामाजिक अन्याय, आर्थिक शोषण, दमन और उत्पीड़न को विविध संदर्भों और आयामों के साथ अभिव्यक्ति मिली है।

'संसद से सड़क तक', 'कल सुनना मुझे', 'सुदामा पांडेय' का प्रजातंत्र' आपके काव्य-संग्रह हैं। 'कल सुनना मुझे' को साहित्य अकादमी पुरस्कार प्राप्त हुआ है।

मैं हूँ

प्रस्तुत कविता में कवि ने 'कवि होने का अर्थ' स्पष्ट किया है। कवि समाज का अगुआ होता है अगर उसमें समाज के प्रति आस्था है। कवि सुंदर फूलों का बगीचा भी होता है और खौलता हुआ आँसू भी। उसका समाज की संवेदनाओं के साथ रिश्ता होता है।

धूमिल

मैं हूँ

मुझे लिखो, मैं कटी हुई अँगुलियाँ हूँ
जिसे भूख ने खा लिया है।
मैं हूँ अथाह रुदन, अंधकार के आर-पार
जिसे एक टूटे हुए हृदय ने
खुद को जोड़ने के लिए गा दिया है।

और तुम कहते हो कवि एक सुंदर बगीचा है
जिससे अपने लिए तुम एक शब्द-फूल
तोड़ सकते हो। तोड़ो,
मगर मत भूलो कि इस बगीचे को
एक आदमी ने अपने खून से सींचा है

एक बगीचा है जिसकी चारदीवारी के पीछे
कुछ भूखे बच्चे आँखमिचौनी खेल रहे हैं
मत भूलो
कि कवि एक कुनबे का अगुआ है
जिसके सदस्य–
आजादी को आक्रमण की तरह झेल रहे हैं।

कवि एक मजबूत बैंकर है
जहाँ खाली वक्त में
तुम अपने जूते उतार सकते हो
बंदूक टेक सकते हो

मगर मत भूलो कि कवि एक खौलता हुआ
आँसू है। रक्त-सिक्त उत्तप्त
जिससे तुम अपनी ठिठुरी हुई करुणा
सेंक सकते हो।
कवि एक लय है
थकान में गिरी हुई
क्या तुमने सुना?
और तुम्हें खुशी है
मगर मत भूलो
कि कवि
व्यावहारिकता की
बटी हुई रस्सी से झूलती हुई
संवेदना की खुदकुशी है।

दुष्यंत कुमार

(1933 ई॰ से 1975 ई॰)

दुष्यंत कुमार त्यागी का जन्म उत्तर प्रदेश के बिजनौर जिले के राजपुर नवादा में हुआ। आपने अपने ग़ज़ल प्रयोग से सारे हिंदी संसार का ध्यान आकर्षित किया है। आपके ही अनुकरण पर हिंदी कविता में ग़ज़ल लेखन के नए दौर का प्रारंभ हुआ। आपने ग़ज़ल को शमा-परवाना, साकी-शराब से मुक्त कर उसे सामाजिक तथा राजनीतिक चेतना का संवाहक बनाया है। आपका 'साये में धूप' ग़ज़ल संग्रह प्रसिद्ध है।

आपकी प्रमुख रचनाओं में 'सूर्य का स्वागत', 'आवाजों के घेरे', 'साये में धूप', 'एक कंठ विषपायी', 'जलते हुए बन का बसंत' आदि काव्य-संग्रह; 'छोटे-छोटे सवाल', 'दुहरी जिंदगी' आदि उपन्यास; 'और मसीहा मर गया' नाटक उल्लेख्य हैं।

दुख नहीं कोई

प्रस्तुत ग़ज़ल 'साये में धूप' से ली गई है। गीत या कविता की तरह ग़ज़ल में किसी केंद्रीय भाव का होना जरूरी नहीं है। उसका प्रत्येक शेर कथ्य की दृष्टि से सम्पूर्ण होता है। फिर भी किसी विशेष मनःस्थिति या भावात्मक उत्तेजना के अधीन लिखी गई ग़ज़ल के सभी या अधिकांश शेरों में उस एक ही भाव की झलक दिख पड़ना अस्वाभाविक नहीं है। दुष्यंत कुमार की ग़ज़लों की यही विशेषता है कि वे प्रायः एक ही मनःस्थिति या भावनासूत्र में बँधी होती हैं। 'दुख नहीं कोई' ग़ज़ल के सभी शेर आम आदमी की अनकही पीड़ा को व्यक्त करते हैं। चारों ओर अज्ञान का, अभाव का अंधेरा है फिर भी कवि को 'दुख नहीं' है क्योंकि उसके पास आकाश-सी छाती तो है।

दुष्यंत कुमार

दुख नहीं कोई

इस नदी की धार में ठंडी हवा आती तो है,
नाव जर्जर ही सही, लहरों से टकराती तो है।

एक चिनगारी कहीं से ढूँढ़ लाओ दोस्तो,
इस दीए में तेल से भीगी हुई बाती तो है।

एक खंडहर के हृदय-सी, एक जंगली फूल-सी
आदमी की पीर गूँगी ही सही, गाती तो है।

एक चादर साँझ ने सारे नगर पर डाल दी,
यह अँधेरे की सड़क उस भोर तक जाती तो है।

निर्वचन मैदान में लेटी हुई है जो नदी,
पत्थरों से, ओट में, जा-जाके बतियाती तो है।

दुख नहीं कोई कि अब उपलब्धियों के नाम पर,
और कुछ हो या न हो, आकाश-सी छाती तो है।

रामदरश मिश्र

(1924 ई॰)

रामदरश मिश्र हिंदी के प्रेम और वेदना के कवि माने जाते हैं। मार्क्सवाद से प्रभावित होने के कारण उनकी अनुभूति में वैयक्तिकता की अपेक्षा समष्टि तत्त्व मिलता है। आत्मरक्षा और आत्मनिरीक्षण का मिला-जुला रूप आपकी कविता को प्रभावित करता है। ग्रामजीवन के अछूते चित्र, शहर में संवेदनशील ग्राम युवक के अकेलेपन की अनुभूति, शहरी जीवन की विसंगतियाँ, मनुष्य की असहाय स्थिति, मनुष्यता में आस्था आपकी कविता की विशेषताएँ हैं। 'बाजार से निकले हैं लोग' आपका प्रसिद्ध ग़ज़ल-संग्रह है।

आपकी 'पथ के गीत', 'बैरंग बेनाम चिट्ठियाँ', 'पक गई है धूप', 'कंधे पर सूरज', 'मेरे प्रिय गीत', 'जुलूस कहाँ रहा है', 'आग कुछ नहीं बोलती' आदि काव्य कृतियाँ तथा 'पानी के प्राचीर', 'जल टूटता हुआ', 'अपने लोग', 'दूसरा घर' आदि उपन्यास उल्लेखनीय कृतियाँ हैं।

ग़ज़ल

प्रस्तुत ग़ज़ल में मिश्र जी ने बड़ी संजीदगी के साथ आधुनिक मानव की भावनाएँ उजागर की हैं।

आज समाज में हरेक को हरेक बात में सफलता पाने की जल्दी होती है। परंतु कवि बड़ी ईमानदारी के साथ स्पष्ट करते हैं कि मैंने जो भी पाया, धीरे-धीरे।

रामदरश मिश्र

ग़ज़ल

बनाया है मैंने ये घर धीरे-धीरे
खुले मेरे ख्वाबों के पर धीरे-धीरे

किसी को गिराया न खुद को उछाला
कटा ज़िंदगी का सफर धीरे-धीरे

जहाँ आप पहुँचे छलाँगें लगा कर
वहाँ मैं भी पहुँचा, मगर धीरे-धीरे

पहाड़ों की कोई चुनौती नहीं थी
उठाता गया यों ही सर धीरे-धीरे

गिरा मैं कहीं तो अकेले में रोया
गया दर्द से घाव भर धीरे-धीरे

न हँस कर, न रोकर किसी में उँड़ेला
पिया खुद ही अपना ज़हर धीरे-धीरे

ज़मीं खेत की साथ लेकर चला था
उगा उसमें कोई शहर धीरे-धीरे

मिला क्या न मुझको, ऐ दुनिया तुम्हारी
मुहब्बत मिली है अगर धीरे-धीरे

यशोदा राजा
(1945 ई॰)

आधुनिक रचनाकारों में कवयित्री यशोदा राजा का स्थान महत्त्वपूर्ण है। आपका जन्म रायचूर में हुआ परंतु कर्मभूमि मुंबई है। हिंदी के साथ-साथ उर्दू, अंग्रेजी, संस्कृत आदि भाषाओं पर आपका अधिकार है। आप शिक्षा, समाजसेवा तथा हिंदी के प्रचार एवं प्रसार के क्षेत्र में कार्यरत हैं।

विभिन्न पत्र-पत्रिकाओं में आपकी कविताएँ एवं कहानियाँ प्रकाशित होती रही हैं। 'पल के प्रतिफल' आपका प्रथम काव्य-संग्रह है।

श्रद्धांजलि

प्रस्तुत कविता में कवयित्री ने समकालीन जीवन में व्याप्त असंगतियों पर प्रहार करते हुए राजनीति के पाखंड पर व्यंग्य कसा है। देश आजाद हुआ पर महात्मा गाँधी के सपनों का क्या हुआ? क्या सचमुच आज आम जनता अपने आप को आजाद महसूस कर रही है? क्या आज उसके हाथ में सत्ता है? अतः कवयित्री गाँधी जी के सपनों को स्नेह, समता, त्याग और तप से पूर्ण करने का आवाहन करती है।

यशोदा राजा

श्रद्धांजलि

नहीं हुआ है नहीं हुआ है
अभी पूर्ण उद्दिष्ट उत्थित मेरा भारत,
किया खड़ा क्यों पुतला मेरा
करने अपनी श्रद्धा अभिव्यक्त।

मिटा नहीं भूख का हाहाकार
चिथड़ों में अनाश्रित बेघरबार।
दर-दर भटकता खोजने उद्यम
शिक्षित युवक बेरोजगार

धधकती दारुण दहेजाग्नि में
व्यथित ललना की आर्द्र पुकार।
भिड़ते भाई भाई के हाथ
सांप्रदायिक तलवार की धार।
ग्रहण बन ग्रस रहा है कर्ज
बढ़ता भयंकर घुप्प अंधकार।

डस रहे हैं नाग रिश्वत के
लोभी हाकिम महा गुनहगार
चंद हाथों में कैद सत्ता
मौजी पूँजीपति राजनीति के ठेकेदार।
सत्ता बनी बपौती
हस्तगत रही चंद हाथ।

चालीस वर्ष आरूढ़ रहा
केवल एक परिवार।
कहने को कोई कह दे
जन के लिए जन द्वारा
प्रजातंत्र जनता का राज।

कैसे बढ़ाऊँ कंपित कर
करने श्रद्धा सुमन स्वीकार।
दासता के दारुण दर्द
सदियों के गहरे घाव
स्नेह-समता त्याग तप से
करना मेरा स्वप्न साकार!

दयानंद शर्मा 'मधुर'

(1943 ई॰)

आधुनिक कविता के एक हस्ताक्षर डॉ. दयानंद शर्मा 'मधुर' जी का जन्म बुलंदशहर (उ.प्र.) में हुआ। हिंदी के अतिरिक्त संस्कृत पर आपका अधिकार भी सराहनीय है। महाराष्ट्र के अहमदनगर के न्यू आर्ट्स, कॉमर्स, साइंस महाविद्यालय में तीन दशक से अधिक समय तक अध्यापन कार्य किया। संप्रति अवकाश ग्रहण कर मुंबई में स्वतंत्र लेखन में कार्यरत हैं।

आपकी कृतियों में 'हिंदी के प्राचीन कवि', 'हिंदी के आधुनिक कवि', 'रीतिकालीन काव्य पर संस्कृत का प्रभाव' आदि उल्लेख्य हैं।

दिनकर के आगम पर

प्रस्तुत कविता दयानंद शर्मा 'मधुर' जी की सूक्ष्म दृष्टि और गहरी संवेदना का परिचय देती है। दिनकर का आगमन होना प्रकृति की नियमित घटना है। परंतु कवि ने इस नियमित घटना को भी विशेष बना दिया है। उन्होंने प्राकृतिक घटनाओं में जीवन के स्पंदन को महसूस किया और रागात्मकता भी। कवि की शब्द-योजना बड़ी आकर्षक है।

दयानंद शर्मा 'मधुर'

दिनकर के आगम पर

दिनकर के आगम पर रजनी!
तारों को लेकर चली गई।
जीवन की स्वर लहरी बिखरी
दिशि-दिशि में रमती चली गई ॥
कोकी-वीणा के मौन तार
तन्मय होकर झंकृत होते।
खग-वृंदों के सुप्त राग
संसृति में जग अंकित होते ॥
सरसी लहराती इठलाती
सरवर से मिलने को अधीर।
मन्मथ जीवों में भरने को
बहता अल्हड़ शीतल समीर ॥
चक्रवाकिनी लास भरी
प्रियतम से मिलने चली गई ॥1॥

जूही, कचनार, कुंद, बेला
नव दिव्य आवरण से गुंफित।
गुलमेंहदी, चंपा, कुईं, लिली
होती हैं मन में स्पंदित ॥
सौरभ बिखराता मलयानिल
निशि के आँसू मोती बनते।
रवि-किरणों का पाकर दुलार
स्वर्णिम आँचल में ही सजते ॥

कोमल-किंजल्क-कुसुम-सौरभ
धरती पर घुलती चली गई ॥2॥

नलिनी पर बैठा मधुकर भी
नव मधुर राग उच्चार रहा।
अभिसार-रंग में हो विभोर
उसके कंचुक को खोल रहा ॥
किंतु कुमुदिनी लजा-लजा
अंगों पर आँचल लिपटाती।
तब मधुप-बाल के अंतस् में
कुछ हल्की सिहरन भर जाती ॥
मलयानिल मिलन-संदेशों से
भू को रंजित कर चली गई ॥3॥

□□□